MAURICE VAUCAIRE

ARC-EN-CIEL

*Le rose est couleur de poupée, le bleu d'alcôve
ou de chapelle, la pourpre est de trône, le
violet de deuil, le vert de nature non de
parure. Le jaune est la lumière même, mais
ce n'est pas une couleur.*

Mme J.-A. DAUDET.

PARIS

ALPHONSE LEMERRE, ÉDITEUR

27-31, PASSAGE CHOISEUL, 27-31

M DCCC LXXXV

ARC-EN-CIEL

LES LENDEMAINS

A M. Lafontaine.

Sur un arc de triomphe installé dans la rue,
Ils se fanent, les gros bouquets, ils sont fanés.
Les jolis lampions, hier illuminés,
Subissent une averse interminable et drue.

Décolorés, piteux, les bouquets tombent morts,
Et les premiers venus vont, piétinent leurs corps.
Lendemain du Plaisir, ô Tristesse qui coules !
D'avoir bu, d'avoir ri, le pauvre peuple est las;
Il marche à droite, à gauche et ne travaille pas.
Sa fille a profité du tumulte des foules,
Pour trouver un amant, quelque monsieur bien mis.
Tout se sent pâle encore, absorbé, non remis.

.   .   .   .

Ainsi mon âme après l'amour; après la fête,
S'ennuie, a des regrets et sanglote, défaite.

HARMONIE

A H. Cazalis.

Sérénité partout, dans le ciel et moi-même ;
A mon égard, Dieu s'est pris de pitié suprême.
Partout sérénité, dans moi-même et le ciel.
Le vent donne en passant des caresses de miel,
La mer est sage avec des vagues musicales.
Dans l'air, plus d'ouragans ; au cœur, plus de rafales ;
C'est presque le temps calme et presque le trépas.
— Indignes souvenirs, femmes partez là-bas !...
Ce soir je reste seul pour faire ma prière,
Tout seul devant mon âme allégée et très fière !

APRÈS-DÎNÉE

Par un soir chaud d'été, sur ce balcon de pierre
D'où l'on voit le grand parc rêveur : très triste, las,
J'admirais votre tête accentuée et fière,
Grisé par les odeurs des somptueux lilas :

Parlant, vous déchiriez quelques feuilles de lierre ;
Nous causions de la vie et pendant ce, le glas
Tintait rauque ; abaissant alors votre paupière,
Vous laissâtes tomber des soupirs, des hélas !

Et vous avez pleuré lentement; les feuillages
S'estompaient devant nous, de subtils babillages
D'oiseaux vinrent charmer votre front renversé.

Votre fichu de soie embaumait les verveines
En vous tenant les mains, l'ai-je assez embrassé
Alors que tout mon sang bouillonnait dans mes veines!

MYSTICISME

A J.-M. de Heredia.

J'AI composé pendant la nuit une féerie
Pleine de soleils chauds et de décors criards,
De femmes en cheveux blonds et de grands brouillards
Descendant, soutenant toute une allégorie.
Sur des billets d'amour après avoir songé,
La tête appesantie et le corps allongé,
J'ai composé pendant la nuit une féerie.

. . . .

O belle Illusion, dans l'ensommeillement
De mon boudoir obscur tu dansas déguisée,

M'emplissant l'odorat de parfums et mimant
Quelque bouffonnerie étrange, improvisée!
Des instruments jouaient, graves, à l'unisson
Une extraordinaire et bruyante chanson.
O sainte Illusion, verte chinoiserie,
Car les arbres étaient d'un vert artificiel,
Ainsi les eaux, ainsi les gens, ainsi le ciel.

. . . .

Rêveur, annihilé, presque immatériel,
J'ai composé pendant la nuit une féerie.

IDEAL

Je rêve à ma fenêtre entr'ouverte, ma pâle
Beauté ; là-haut, là-haut les nuages sont gris,
Le soleil est vitreux comme un bijou d'opale.
Le spleen s'est infiltré par les portes, — j'écris —
Il colle sur ma peau sa lèvre sépulcrale.
J'entends monter d'en bas, bruissements et cris
De passants, les refrains d'un vieil orgue qui râle.
Je pense à vous, ma Chatte, et ces souvenirs font
Que mon songe devient plus triste et plus profond.

. . . .

Si nous montions aux cieux, il est des lacs faciles,

Nous y dirigerions de grands vaisseaux dociles,
Je tiendrais vos cheveux purement essencés,
En eux j'enfouirais ma tête tout entière ;
Timide et bégayant une simple prière,
Je veux vous aimer loin, loin des hommes sensés.
— Enfin, je fais des vers et je vous crucifie
Dessus. — C'est votre nom que j'y mets en tremblant,
Votre nom si banal, ô sphinx terrible et blanc,
Masque stupéfiant, chair qui corromps ma vie. —

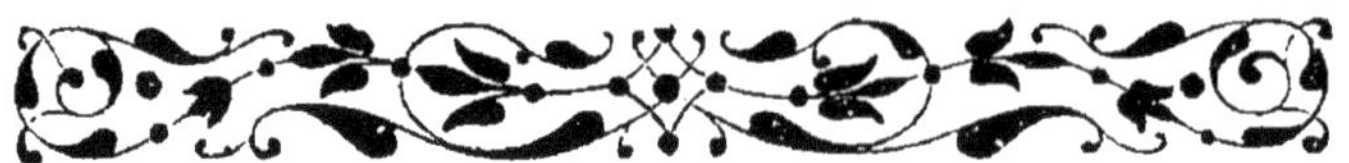

SUR LA PLAGE

Nous irons regarder la mer phosphorescente,
Etendus sur le sable, amoureux et rêveurs.
Et tu me montreras, de ta main caressante,
Les voiliers au lointain qui valsent, les lueurs
Des phares bienfaisants, les étoiles leurs sœurs.
L'eau viendra près de nous, monotone, rampante,
Apprivoisée un peu, curieuse, écoutant.
Et son chant de berceuse alors nous dorlotant,
Nous dormirons dans sa langueur enveloppante.

PARAVENT

A Mademoiselle Suzanne Devoyod.

L E S parfums des jaunes bambous
Montaient lourdement par bouffées
Les oiseaux se balançaient fous
Sur des branches ébouriffées.

Des chinoises fort bien coiffées
Dessinaient, peignaient en trois coups
De longues dames étoffées,
Des arbres d'or et des hiboux,

Des canapés en porcelaine,
Un bois, un jardin, une plaine,
Un mandarin blême de fards,

Un vieux poète à barbe verte
A barbe verte et bouche ouverte
Qui regarde des nénuphars.

PAYSAGE MORNE

A Michel Peter.

Journée humide et tiède, une incessante pluie :
Tristes, les paysans se retirent des prés ;
Derrière, l'horizon est noir comme la suie,
Le vent bougonne et pousse au loin des ciels cuivrés.

Par-dessus le châlet un arbre géant plie
Ses branchages d'un gris très sombre enchevêtrés,
Et les feuilles s'en vont de la branche assouplie,
Tremblent, tournent en rond près des murs déplâtrés.

Les rideaux sont ouverts, dans sa chambre élégante,
La jeune fille joue une valse assez lente
Et regarde ses doigts agiles et cambrés,

Se tourne vers son père, un vieux qui se soulève
Pour voir si par là-bas au moins le temps se lève ;
Et l'eau cingle en tous sens les grands champs labourés.

DANSEUSES

L E S maillots chair et satinés
Par la rampe aux clartés magiques
Affolent, tant ils sont lubriques,
Sautent, dansent, désordonnés.

Les visages un peu fanés,
Les blancs visages fantastiques
Contractent leurs nerfs élastiques,
Éclairés du menton au nez.

SOMMEIL

En rêve, j'ai dormi près d'une belle esclave,
Favorite aux yeux clairs du roi Pharaon Six,
Et sa main en pressant ma chevelure flave
Indiquait devant moi le haut temple d'Isis

Et les horizons droits et quelque étoile grave.
Dessus notre terrasse, un ciel calme, indécis,
Large, servait de tente, et le baiser suave
De cette femme avait l'arome des cassis.

La mer proche sonnait de grands coups de fanfare
Et la lune obliquait ses rayons vers un phare.
A nos côtés chantait dolent un fou nabot.

O nuit chaude, o nuit bleue, o charmeuse, ta bouche
Moiteuse de désirs me chercha sur la couche
Quand je t'ai dit comment on souilla Salammbô ! —

FANTAISIE PRÉTENTIEUSE

A H. de Fouchier.

Un grand ciel si brouillé que l'on ne voit pas clair :
L'eau tombe et cogne fort la vitre et la toiture ;
Personne dans la rue et pas d'oiseaux en l'air ;
Sale, de temps en temps défile une voiture.

Je cisèle des vers durs comme des brillants,
Ayant le pénétrant parfum d'un bouquet rare ;
Je chante ma maîtresse aux regards suppliants
Qui par ce jour malsain est gentiment bizarre.

Et le parc sous le vent puissant est agité,
On ne respire plus que de l'humidité ;
Et je polis des vers sur la Chine adorables

Où les objets sont vus en rouge, en vert, en blond,
Les gens revêtus d'or, les fleurs inaltérables,
Et le soleil si chaud qu'il fait fondre du plomb.

ÉTÉ

ALLONS Souvenirs vieux, Rancunes, mon Génie,
Je vais vous oublier, — aujourd'hui seulement —
Pour me pénétrer mieux de l'éblouissement
De la nature folle, aimante et rajeunie.

Vivent l'été, le vert des bois, la symphonie
Des merles et le bleu du large firmament,
On est si fier de vivre, on chante allègrement,
Mêlant sa propre sève à la sève infinie.

Par la chaleur les fleurs, les prés sont transformés,
Oh ! comme elles soyons jeunes et parfumés !
Si notre esprit est triste ou notre âme brisée,

Qu'un encens sorte aussi de nous, délicieux,
Petite femme brune, indocile et blasée,
Et nous ferons semblant d'être sains et joyeux !

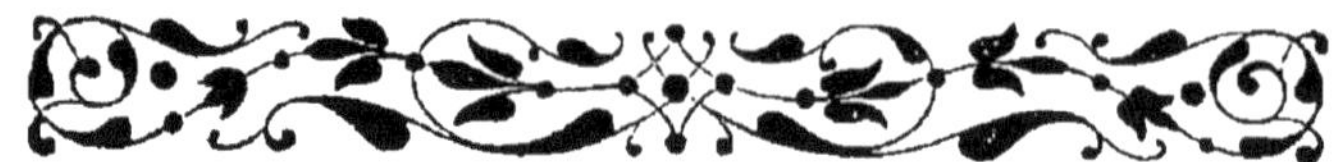

A GENOUX

Le ciel est brun, triste est la pluie,
Le soleil ne veut plus briller.
Et devant mon lit qui s'ennuie
Je viens, triste, m'agenouiller.

Et de mes doigts tristes, je presse
Mes yeux qui sont las d'être ouverts;
Je mets ma tête et ma paresse
Dedans les draps tout découverts.

Je pense à ma Toute-Puissante
Et bourdonne son nom bien bas,
D'une voix douce et caressante
Au lit qui ne la connaît pas;

D'entendre parler d'une amie
Qui sur lui n'a jamais trôné,
Ni ne s'est jamais endormie,
Certes, le lit semble étonné...

TOUS LES DEUX

Rousse comme la rouille et de peau diaphane,
Il semblerait qu'on vient de te percer le cœur;
Toujours à ton corsage une fleur qui se fane,
Et dans tes yeux toujours comme un regard moqueur.

De ton être dolent un parfum lourd émane,
Parfum qui m'étourdit et qui fait ma pâleur.
Viens écouter un peu fièvreuse et mélomane,
L'orchestre du salon d'où part une lueur.

L'extase ou la douleur a rapproché nos têtes,
J'ai baisé tes yeux pers et tes nattes défaites
Quand une marche Slave énervante de bruit

Nous réveilla, très-chère, ô ma frêle maîtresse,
Qui pâmes en sentant les doigts d'une caresse,
— Et le mal de douter entra dans mon esprit. —

QUADRILLE CHANTÉ

A Royer.

Oui je veux un bal mirifique,
Les instruments sont accordés ?
Alors, en avant la musique,
En avant les dévergondés !

Oh ! eh ! les sots et les eunuques,
Les gens sérieux, les rêveurs !
Dansez à perdre vos perruques,
Vivent la fête et les viveurs !

Allons toi la petite rousse,
Viens-tu me faire vis-à-vis ?
Vrai les enfants qu'on se retrousse
Les jupes et les pans d'habits !

Tes valses sont sentimentales,
Cher monsieur Olivier Métra,
Nous n'avons pas là des vestales,
Du bruit, du bruit, hipp, hipp, hurrah !

DANS LES FOIRES

A René Vaucaire.

Nous sommes donc entrés dans la sale boutique
D'une femme géante et barbue. Au dehors
Un tambour trépidant, des coups de vent très forts
Soufflant de noirs quinquets sur la corde élastique.

Et mon exubérant cerveau, tout nostalgique,
Sans rien comprendre, ému, détendait ses ressorts,
Se plongeait dans l'odeur du bouge, grasse alors,
Crasseuse exhalaison, puanteur énergique;

Tristesse des velours déchirés, mal tendus,
Des toiles drôlement peintes. Les cris ardus
Du patron, haut perché devers la devanture,

Se mêlaient aux élans d'un orgue qui braillait;
Et dans cette atmosphère épaisse de friture,
L'iris de tes habits, Madame, se souillait.

LES CONDAMNÉS

A Métivet.

Ils s'en vont deux à deux, les maigres poitrinaires,
Sur le chemin jauni qui dévale là-bas,
Ayant cette pâleur froide des rais lunaires,
Tristes, horriblement tristes, parlant tout bas.

Des amantes avec des amants, les yeux vides
Et battus, la peau moite et les cheveux défaits ;
Tout tièdes de leur nuit de joie, encore avides,
Avec les traces des baisers qu'ils se sont faits !

Et l'atmosphère sent comme des fleurs fanées.
Par des torrents séchés et de grands arbres nus,
Les longues routes sont entièrement cernées.

Dans un de ces pays baroques, inconnus,
Qui défilent dedans mes rêves artistiques,
Marchent ces gens malsains, osseux et fantastiques.

ANNIVERSAIRE

(DIT AU BANQUET COROT)

A M. Giacomelli.

A cette date, chaque année,
Quand se termine la journée,
Et sur sa tombe, et sur les buis viennent valser
N'ayant crainte de se blesser,
Souples ainsi que des fougères
Des nymphes avec des bergères.

Et viennent d'invisibles mains,
En haut, là-bas, par les chemins
Qui poussent un décor vaporeux de féerie.

Pour les morts, c'est fête chez eux,
Ils écarquillent leurs grands yeux
Et la troupe applaudit et crie.

Le paysage les ravit :
Une nuit tiède, et dans la nuit
Des étangs en sommeil et des arbres droits, graves
Que rafraîchit un brouillard blanc,
Et le vent parfumé, dolent,
Caresse ces pâleurs suaves.

Les morts se sentent rajeunir ;
Et le spectacle allant finir,
Or bras dessus et bras dessous, tous vont ensemble
Remercier Corot qui tremble
— Doucement émotionné —
D'avoir si bien illuminé

Le Néant, son ciel impassible.
Puis Corot se rendort paisible,
Écoutant les échos d'une immense chanson
Qu'improvisent à l'unisson,
Au milieu des brises très chastes,
Deux cents poètes enthousiastes.

CROQUIS

A M. de Maupassant.

Dans une impasse étroite où penchent des maisons
A gros ventre, où croupit une eau toute malade,
Ils reviennent, très lents, évitant des tessons,
Des débris, viande et bois, des os, de la salade.
Car Elle habite au bout, au-dessus d'un fripier,
Préférant son petit faubourg sale au tapage
Des boulevards, n'aimant aussi que son troupier,
La créature blanche et brune, à moitié sage.
Fiers de la voir passer ainsi sur leur chemin,
En face, l'épicier, le marchand de légumes,

Aimables, lui donnant le bonjour et la main,
Admirent son chapeau de paille jaune, à plumes.
Et dans l'impasse étroite, aux murs suintants, couverts
D'affiches, dans l'impasse ignoble et reléguée,
Ils regagnent leur gîte, elle, un peu fatiguée,
Et lui, les bras ballants, le shako de travers.

ROMANCE D'ORAGE

Toi chère qui me dis fantasque,
Si tu savais tous mes secrets,
Pour sûr, tu rirais, tu rirais!
Si tu savais qu'il est un masque
Triste sur mes grands yeux distraits,
Pour sûr, pour sûr tu tremblerais!
Si tu sentais sur toi mes lèvres
Curieuses, saôules de fièvres,
Pour sûr, tu crierais, tu crierais!

FAIBLESSE

A J.-B. Lacombe.

Je m'étais cru plus fort et plus blasé ; le charme
Du pénétrant amour, du souvenir de Toi
Brouille mes regards las et leur tire une larme.
Je pleure sans souffrir et sans savoir pourquoi.

Car la vague douleur qui toujours est en moi
Fait que la moindre cause épouvante mon âme.
Un rien l'anéantit ou la met en émoi,
En ce moment je crois que je suis une femme.

Et j'ai peur de mourir; ce mot Éternité,
Devant moi, gigantesque et fou s'est implanté,
— Passé sans lendemain et lendemain sans veille. —

Dieu pur dont l'œil profond me parle et me surveille,
Dis si l'Éternité — ce Rêve me poursuit —
Se passe en plein soleil ou marche dans la nuit.

JOIE

La douleur qui pressait mes mains à les broyer,
S'est détachée enfin d'elles, je marche libre.
Aujourd'hui tout en moi resplendit, parle, vibre;
Sur votre nudité j'irai rire et prier.

Je suis joyeux, je suis d'une gaîté naïve
Depuis que j'ai senti vos longs baisers épais,
Ces longs baisers troublants, capiteux et trempés,
Quand nos deux bouches ont bu la même salive.

Douces, légèrement, les ailes du Plaisir
Frôlent nos corps nerveux qui viennent se saisir,
Et des frissons furtifs nous courent par la tête.

Ma fleur verte, la nuit où je vous livrerai
Mes meilleures chansons et mon meilleur secret,
Nos yeux illuminés éclaireront la fête.

DANDYSME

A Jacques Redelsperger.

Foule superbement bête, il faut t'étonner. —
Par exemple : j'aurai comme groom une femme
Jeune, très rousse aux yeux dolents, pénétrants d'âme,
Soumise à tout ce qu'il me plaira d'ordonner.

Un tricorne frangé d'ors et des bottes blanches,
La culotte de peau pour mouler mieux ses chairs :
Tel son habillement puis elle aura des airs
Assez hautains avec les mains dessus les hanches.

Devant nous trotteront deux puissants dogs d'Ulm gris
Et bleus. Les gens poncifs tourneront ahuris
Leurs regards, élevant l'épaule de mépris.

Je désire assez vivre inutile, égoïste,
N'aimant rien et croyant qu'au monde, seul, j'existe.
— Mais le groom baisera la nuit mon front si triste. —

NOSTALGIE EN PROVINCE

A Truffier.

Un grand estaminet sis dans la rue unique
De la ville ; à travers les carreaux brouillardés,
Un ciel qui tombe, gris, ennuyeux, galvanique,
Des éclairs, l'eau grinçant, des trottoirs inondés.

Les provinciaux sont là tous ; on pronostique,
On se presse au billard, on fume, on joue aux dés.
Irritantes, les voix montent comme un cantique :
Un long bourdonnement d'accents désaccordés.

L'air est vieux, noir, malsain, contenant la poussière
Et l'odeur d'un tabac fort. — Puis une lumière,
Une autre, une autre encore éclairent maintenant ;

Et je vis au milieu de cette indifférence,
Un voisin sur ma table étend un bras gênant,
J'ai froid, j'ai mal au cœur, j'ai soif ; la bière est rance.

CLAIR-OBSCUR

A M. Degas.

Les ornements dorés des balcons sont ternis,
Et le beau lustre est presque éteint. La salle immense,
Toute pleine de gens attentifs et brunis
Par cette ombre, un ténor susurre une romance.

Et très confusément à tous les rangs garnis,
Dans les loges, de grands éventails en cadence
Papillonnent au bout de bras fort assoupis.
— Altos et violons pizzicatent — on danse; —

Une danse mourante et des rapprochements
Lascifs, silencieux et les longs frolements
Des robes et des pieds qui traînent sur la planche.

Chaque musicien appuie avec lenteur
Le rhythme indiqué par la partition blanche,
A son pupitre orné d'un bec à réflecteur.

BRAS ET JAMBES

J'AI dessiné tes doigts blancs et ta jambe blanche,
Tu dormais, refoulant le drap de noir satin,
Le drap noir sur lequel ton œil bavard s'éteint,
Ta bouche étouffe un cri, ta taille se déhanche.

Le bras droit s'échappait comme une lourde branche
Pendant sur le rebord du lit; l'autre, mutin,
Des cheveux mal tordus, des cheveux clair-chatain,
Tout instinctivement contenait l'avalanche.

Et tes genoux nerveux se tenaient ajustés,
Ces genoux taillés dans les ivoires lactés.
Ton cher corps étalait son orgueilleuse forme.

Ainsi j'ai pris croquis de tes contours finis,
Lorsque l'aube sur toi jetait ses rais ternis
— Et tu t'es réveillée avec un rire énorme. —

JAPON

A Mars.

Gravement appuyé sur un paravent noir,
Le guerrier fils d'Oyas attend sa bien-aimée.
On le voyait encore en tête d'une armée
Battre les ennemis du roi-dieu, l'autre soir.

Enfin il va goûter le prix du vrai devoir,
Il va se reposer près la chair parfumée
De Tsiki, courtisane assez en renommée
Pour ses yeux verts d'abord et pour son grand savoir;

Car on l'oppose à Ko-Mati la poétesse.
Mais le front du guerrier est bas, plein de tristesse,
Il a peur que Tsiki ne le chérisse point,

Et sur son teint fardé de miel et de cinabre,
De gros pleurs vont roulant qu'il écrase du poing,
Il songe à s'entrouvrir le ventre avec un sabre.

ROMANCE I

A M. Alexandre Georges.

S U R le réseau de fils d'acier
De ma riche harpe d'ébène,
J'évoque ton nom princier
Et je mets en chanson ma peine.

Tantôt je murmure bien bas
Ou je crie étrange et farouche ;
Mais je ne me console pas,
Les sanglots restent dans la bouche.

Celles dont j'ai baisé les yeux
Avec mes lèvres d'ardeur folles,
Et que mes regards soucieux
Illuminèrent d'auréoles.

Puis ceux qui surent mes pensers,
Mes amis chéris et sincères
Sans me dire adieu sont passés,
Ils n'avaient pas vidé leurs verres.

PAYSANNERIE

A pas lourds six bœufs roux tiraient tranquillement
Notre char plein de foins coupés la veille même;
Sur eux, petite muse odorante que j'aime,
Originale alors tu te hissas gaîment !

Et puissamment plaintif un âpre meuglement
Montait, rendait plus doux ce rustique poème;
Au loin se déchirait un grand nuage blême,
Nous étions étendus et rêvions longuement.

Et les herbes avaient une odeur irritante,
Ta robe s'étalait sur elles, éclatante,
Ta lèvre était plus rouge et plus gris tes grands yeux ;

L'air humide mordait notre peau rafraîchie,
Et nous sommes rentrés à la ferme blanchie,
Tout heureux de nous être aimés si près des cieux.

POINTE SÈCHE

Un large fleuve aux eaux jaunâtres, violentes,
Des quais chargés de gens, des charbons entassés,
Des radeaux, des vapeurs aux machines ronflantes
Qui viennent, qui s'en vont les tuyaux renversés.

Ils fument en passant sous les arches tremblantes.
Tombe le triste soir : des nuages brisés
Avec de longs ilots et des fentes baillantes
Courent à l'horizon, gris et couperosés.

En se croisant, deux trains font un bruit indicible
Sur le grand pont de fer assez mince et flexible;
Lors une pluie assez serrée et le froid vif;

L'un coupe la figure et l'autre vous la trempe.
— Dans un rez-de-chaussée à côté de la lampe,
On voit coudre une rousse au profil expressif. —

APRÈS-MIDI AU THEATRE

A Ludovic Mouchot.

Ce spectacle dont j'ai rêvé toujours
N'intéresserait bien que ma personne :
Une salle où la musique résonne
En s'amolissant sur tous les velours.
La scène très grande et très inclinée
Pour qu'on puisse voir les choses du fond ;
Dessus elle on se mêle et se confond.
La troupe est nombreuse et assaisonnée
De danseuses, de clowns et de jongleurs,
De chiens, de géants, même d'avaleurs

De sabres. — Surtout soixante danseuses
Aux maillots chair-rose, aux corsets foncés,
Légères, dansant les cous renversés,
Se tenant la taille assez gracieuses,
Une main pinçant les gros plis bouffants
De la jupe en gaze et jambes levées
Ensemble. — D'orchestre ivres, abreuvées,
Leurs bouches ayant des rires d'enfants.

. . . .

. . . .

Les clowns gais qui font sur l'épine dorse
Tête, épaules, bras, des effets de force.

. . . .

A mon fauteuil je dors de temps en temps
Dans l'obscurité de la salle vide....
Un rayon de ciel tombe en haut, livide.

. . . .

— Noire impression un jour de printemps. —

MODERNISME

Silvius Nicolès t'a peinte à l'aquarelle
Sur fond vert, blanche blonde aux yeux affriolants,
En chapeau Directoire et tenant une ombrelle
Où voltigent brodés, trois grands papillons blancs.
Ta petite main froisse adorablement frêle
Des gants orgueilleux, mon livre de vers brûlants;
Sonnets où j'ai chanté quelque surnaturelle
Signorina jadis, ses cheveux rutilants.
— Sur fond vert, — et ton nez pur de camée antique
Semble humer en eux mes baisers d'hérétique...

ROMANCE II

A la Poupée noire.

Permets-moi cette chose exquise
De t'adorer en te mentant,
O ma plébéienne marquise
Permets-moi cette chose exquise!
Toi-même m'en diras autant,

Factice sera ma tendresse,
Ayant la consolation
D'être fixé sur mon ivresse,
Je jouerai bien la passion.

Permets-moi cette chose exquise
De t'adorer en te mentant,
O ma plébéienne marquise,
Permets-moi cette chose exquise,
Tiens je pleure — fais-en autant! —

CONTE

Si vous voulez, je vais vous dire
Une très petite chanson.
Mes amoureux, sans trop sourire
Accompagnez à l'unisson :

Un papillon de couleur blanche
Aimait du plus parfait amour
Une gentillette pervenche
Qu'il respirait vingt fois par jour.

Il advint qu'un coléoptère
Habillé d'or et de satin,
A la belle offrit une terre,
Un hôtel au Quartier Latin...

A la fleur il conta fleurette
Si bien, qu'elle quitta son nid.
A Notre-Dame-de-Lorette,
Un lys évêque les bénit.

Or à la lampe d'un poète
Qui demeurait tout près de là,
Le papillon perdant la tête
Un beau soir d'été se brûla...

. . . .
. . . . ?

CONTE DE FÉE

A Mademoiselle B. Frémaux.

Un vieux duc galant et folâtre,
Par-dessus tout qui m'idolâtre,
Fit répandre par ses valets
Lilas et roses effeuillées,
Dans les recoins et les allées
De ses jolis jardins anglais.

Or sur la route triomphale
Menant à la maison ducale,
Ayant des chanteurs devant moi,
Des pages qui couraient derrière,
J'avançai digne et sans émoi
Et je fis semblant d'être fière.

Les hauts talons de mes souliers
Et mes longs jupons dépliés
Battaient, écrasaient les fleurettes ;
Mais insensible je marchai,
Aux sons des tambours, des trompettes,
Des fifres et des coups d'archet.

Après un souper délectable,
Le lourd sommeil me prit à table
Tant j'avais l'esprit, le corps las.
Je dormis et rêvai ces choses :
Un régiment de blonds lilas
Passait avec un flot de roses.

Eux, livides comme des morts,
Corps sans têtes, têtes sans corps ;
Les roses en sang consternées
Me regardaient d'un œil éteint,
Je les avais si mal menées
Ces chères senteurs le matin.

Elles ont volé dans mon rêve
En me traitant de fille d'Ève,

D'impie au cœur indifférent !
Et depuis lors ces fleurs chagrines
Quand je les ai sous mes narines
N'ont plus leur parfum pénétrant.

Malgré ma baguette de fée
D'or et d'argent tout étoffée,
Je n'ai rien pu changer, hélas !
A ces tristes métamorphoses !
Ne me donnez jamais de roses,
Ne me donnez plus de lilas !

IMPRESSION AU THÉATRE

Madame, mon genou touchait vos deux genoux,
Je pressais l'éventail, blanc crème, à bois d'érable;
Ample, le grand rideau s'enroula devant nous,
Et fit voir un décor de printemps adorable ;

Décor neuf, — sa fraîcheur s'engouffra dans les trous
De ce théâtre, un peu sûre, indéfinissable,
Et monta jusque vers le plafond jaune et roux,
Que chauffaient les clartés d'un lustre formidable. —

Grisé par la lumière, aussi par les relents
D'innombrables parfums capiteux et brûlants,
En sueur, dans la salle où les chairs entassées

Bien tièdes s'échauffaient encore ; j'ai senti
Ce pâle courant d'air si vite anéanti
Qu'avaient jeté sur nous les toiles vernissées.

ÉTUDE

A Truffier.

Son père, un grand poète inédit était vieux
En l'engendrant. — Or donc Elle sait peu sourire,
Et l'on voit remuer dans ses timides yeux
Les Rêves qu'autrefois, lui n'a pas pu transcrire.
Si tu permets, mes sens forts te transformeront
Femme, je veux t'aimer quand je lis sur ton front
Ces Rêves qu'autrefois, lui, n'a pas pu transcrire...

. . . .

NÉVROSE

A la Poupée noire.

MA mie, à ton contact mon esprit s'est fripé.
Je jette sur ton corps toutes ces fleurs pourries,
Ton corps délicieux, superbement drapé.

Ma tête névralgique est saoûle d'hystéries.
Je baise ton sein mat aux battements si lourds,
Et tes lourds cheveux teints, et tes yeux de velours.

Maîtresse aux blanches mains, courtisane féline,
Le monde fauve et moi malsain, nous dégorgeons
De stupides baisers sur ta lèvre maligne.
J'ai le spleen par ce temps tiède d'été — Songeons. —

Ouvrons les blancs volets, prends ta voix pateline,
Parle tout tristement. — Sur les jaunes ajoncs
Le pinson vient stretter et l'eau du lac câline
Clapote, et le crapaud cric et fait des plongeons.

IRRESPECT

Tu m'as dit que j'étais un serpent à sonnets,
Ma fantaisiste idole ; un baiser, je renais,
Un baiser, les tiens seuls me laissent une trace.
Or donc je suis un long crotale, et toi, tu n'es
Qu'une fine couleuvre heureuse que j'enlace,
Je veux broyer tes os et ta poitrine lasse.

. . . .

Ma lèvre avec amour aux tiennes se suspend
Toi qui domptas mon cœur comme on charme un serpent !

SOIR MYSTIQUE

En haut du parc, il est un sinueux canal
Qui dissout pâlement au lever de la lune
Les sanguines clartés du ciel. Triste, automnal,
Le lointain dort; il naît une étoile, rien qu'une.

Vous avez froid, puis vous serrez votre manteau
Ma gentille tzarine, et la brume neigeuse
S'étale par là-bas comme une nappe d'eau,
Et cette profondeur semble marécageuse.

Par instants, on saisit les murmures tremblants
Des bois fous qui se sont heurtés, souples, sifflants,
S'inclinent les grands blés hautains, tout indolents.

Ce paysage lourd m'annihile et m'irrite.
Près la rive, une barque entr'ouverte s'effrite,
Et sur elle un jonc vert comme un long cil palpite.

CRÉPUSCULE

A M. Sully Prudhomme.

Un ciel immense, bas et noir violacé;
L'air chargé de tiédeurs capiteuses de serre.
Par les chemins ombreux des groupes ont passé,
Chantant, laissant traîner leurs pieds dans la poussière.

Les prés sont estompés, vagues; confusément
Les éclairs de chaleur distraient le soir tranquille;
Des carrioles, des phaétons, lentement
Quittent le paysage et rentrent à la ville.

Les gens prennent partout des herbes et des fleurs
Sans en analyser les parfums et couleurs,
Des bouquets pour la vente ou bien pour leurs maîtresses.

La brise est sourde et dense, elle leur souffle au front
Des baisers étouffés, des sournoises caresses
Sachant bien quels pensers fous en résulteront.

DIVAGATIONS

O l'automne ! le ciel est fraîchement lilas.
— Je pense à des pays chauds, extraordinaires,
A d'étranges dessins chinois, imaginaires
Avec des arbres sans formes et mis en tas ;
Bizarres dessins faits par des Chinois tout las
D'opium, mystérieux, laids et sexagénaires. —
L'Automne morfondue a des pâleurs lunaires.
Asseyons-nous, chérie, et bavarde en mes bras ;
Il est des îles par le ciel et ta frimousse
S'étonne — mets ta main exsangue sur la mousse. —
— Je pense à des pays chauds, à de vieux Chinois
Qui voguent sur la mer dans des coques de noix. —

EN PLEIN CHAMP

A Léon Conquet.

Vautré dans l'herbe fraîche et les yeux demi clos,
La bouche ouverte, j'ai regardé les usines
Qui bordent l'horizon, estompant dans leurs flots
De brouillards empestés les vingt maisons voisines.

Un pauvre âne à ma droite écorchait son vieux dos,
Brayant de joie, après quelque buisson d'épines;
Sur le fleuve jaunâtre on chargeait des radeaux,
En haut l'oiseau rayait le ciel aux couleurs fines.

Tranquille, je pensais à la brune aux yeux verts
Que j'idolâtre et dont le cœur est tant pervers,
Puis à la blonde fille, africaine et brutale

Qui m'aime constamment et que j'aime très peu.
Surtout à toi Soleil, surtout à toi ciel bleu,
O nature bourgeoise et si sentimentale !

TROPIQUES

A Grandmougin.

De riches papillons, les ailes en drapeaux,
Fatigués et pesants passent dans l'atmosphère ;
Tandis que l'ovipare avec le mammifère
Rampant et galopant, vont joyeux par troupeaux.

Et sur un fleuve bleu, des barques en repos.

Au bord, deux amoureux. Elle, se laisse faire ;
Ils ont uni déjà leurs lèvres et leurs peaux.
Le costume doré de la femme étincelle
Grâce aux chaudes clartés d'un soleil qui ruisselle,

Et tout cela miroite en son rayonnement.

La femme a relevé ses robes impudiques
En recouvre sa tête et celle de l'amant ;

Car il tombe du ciel un essaim de moustiques.

ROMANCE III

A J. Massenet.

Le ciel est morne, il va pleuvoir;
Si tu le veux, ma vicomtesse,
Nous chanterons jusqu'à ce soir
Pour dissoudre cette tristesse...

Parmi les foules nous irons,
Et, consolateurs des souffrances,
Jusqu'à ce soir nous chanterons
Des airs comiques et des danses.

Aux vrais amoureux, tu diras
De douces, de très douces choses,
Heureux, nous emplirons leurs bras
De fleurs jaunes et de fleurs roses.

Et tout humain aura sa part,
Ames païennes ou pieuses,
Femmes d'encens, femmes de fard.
— O ma chatte aux pattes soyeuses. —

THÉATRE

A Léon Cladel.

La peau poudrerisée et les yeux agrandis,
Les danseuses glissaient sveltes comme des fées ;
Et les bourgeois naïfs étaient tout étourdis
De voir ces maillots, ces têtes ébouriffées.
Les décors fraîchement peints, les costumes blancs,
Outre-mer et dorés, gris, noirs et rutilants,
Et le luxe inouï de ce théâtre immense
S'attaquaient à nos nerfs fébriles, en démence.
La peau poudrerisée et les yeux agrandis.
Ils tournoyaient ces vrais êtres de paradis

. . . .

Le plafond déroulait sa large apothéose
Orientale avec de riches nudités
Que mettait en relief un ciel uniment rose.
Le lustre les fardait de ses vives clartés,
Et les sons incisifs allaient vibrer sur elles.

. . . .

— Le mouvement gagna ces chairs surnaturelles, —
Maintenant le public ahuri somnolait,
Impressionné par l'éblouissant ballet,
Le front en l'air béat, il rêvassait à cause
Du plafond déroulant sa large apothéose.

INTÉRIEUR JAPONAIS

A Mademoiselle de Choudens.

Comme les ailes du fin papillon nerveux,
Ses narines et ses lèvres froides palpitent,
Se pincent; car Tkoura ferme ses petits yeux,
Elle souffre et se meurt...
                              Tristes, faisant des vœux
Tout auprès, des amis et des parents s'agitent.
Inquiet, mécontent, le grave médecin
Entre les naines dents qui se choquent, tremblantes,
Met un cordial bien rude et l'oreille à son sein,
Scrupuleux, compte les respirations lentes.

De la Tkoura, le jeune époux aux yeux bridés
Sur les marches du lit verse des larmes folles,
Prosterné comme on doit l'être au grand temple des
Trente-trois mille trois cent trente-trois idoles.

SENSATION DOUCE

Assoiffé de parfums excitants, raffinés,
Je respire un flacon d'essence orientale
Très pure. L'ara vert a des cris étonnés,
Et vous vous endormez, brune sentimentale.

Ma tête est dans vos bras lisses et safranés,
Votre sensible chair — humaine digitale —
A la tiède senteur des grands lilas fanés.
Ouvrez ce blanc peplum, ma petite vestale.

Oui, jadis, votre voix douce m'ensorcela ;
Vous souriez, si peu vous importe cela !
Mais de joie aujourd'hui ma raison s'est enfuie,

Car je n'ai jamais cru que vos baisers soyeux
Et vos doigts effilés caresseraient mes yeux,
— Chair intacte, veux-tu ma chair inassouvie ? —

MIRLITONNADE

Dessus ta blanche patte
Pour nous deux amuser,
Un bon, un gros baiser
Ma petiote chatte, —

Et dans ta bouche en cœur
Un baiser bien humide,
Baiser qui t'intimide ;
Pour croire au vrai bonheur.

Sur ta chair qui se fane,
Et si jeune est ta chair
Que tu la vends si cher
A la race profane ;

Laisse-moi m'abreuver
De rêves, pour rêver...

A LA LAUS, DANSEUSE

Ses jolis bras en l'air, ses petits doigts tordus,
Au milieu d'une scène et de décors énormes,
Prenant des gestes fous, presque épileptiformes,
Elle saute, tressaute, ouvre ses yeux fendus,
Les referme, sourit, rit plus fort, se déhanche
Et soulève en tournant sa courte jupe blanche.
Sa jupe c'est un flot de longs rubans disjoints
Pris au corset, tenant des grelots fins en cuivre.
Quand elle se balance ou marche, on devient ivre,
On voudrait la tenir bien haut entre ses poings
Tout comme ce danseur à la valse finale
Qui l'enlève dans un feu rose de Bengale.

VŒUX DE NOEL

A Randal.

La chère a placé devant l'âtre,
Le soir de Noël, hier soir,
Ses minces chaussons de théâtre,
Ses chaussons plats de satin noir.

Fatigués d'avoir sur la scène
Fait des pointes, tracé des ronds,
Ils ont un air d'âmes en peine,
Les pauvres petits fanfarons.

Qu'y mettre? De l'or?... J'ai des dettes!
Des vers?... Jamais elle ne lit.
Triste, je baisai leurs bouffettes
Et m'agenouillai près du lit,

Priant Dieu, la Vierge et le reste,
— C'est là, ma seule ambition —
De les admettre au Bal Céleste
Le jour de Résurrection.

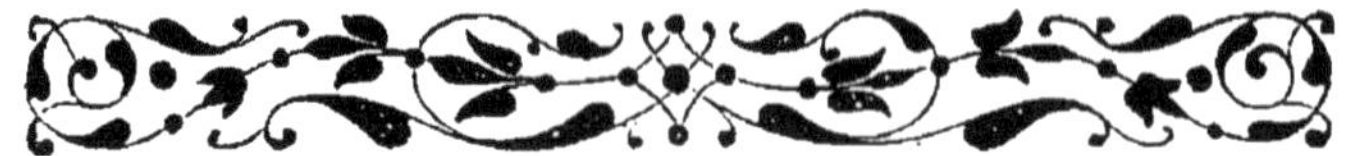

MATIN D'AVRIL

A Ed. Detaille.

Matin d'Avril; devant l'Hôpital-Militaire,
Un va et vient, — soldats, invités, curieux,
Des médecins-majors brillants, jeunes et vieux. —
C'est la sœur Véronique aujourd'hui qu'on enterre.
Quatre infirmiers contrits portent le lourd cercueil,
Et la Religieuse en chef conduit le deuil,
Ayant dessus sa croix d'Honneur, ses mains croisées.
La touchante gaieté que font les bleus shakos
Des lignards, les dragons, les casques, les turcos,
Puis le troupeau blanc des cornettes empesées !

Et ce calme convoi me parut un moment
.Défiler dans le ciel, allégoriquement.
Eux, les soldats, étaient alors âme par âme,
Les moribonds qu'avait sauvés la sainte femme,
Et le soleil très-clair, soleil d'un printemps doux,
Le flambeau du bon Dieu qui les précédait tous.

SOLO DE BALLET

A M. Léo Delibes.

Si charmeuse, — fortes les hanches,
Dessous les jupes en ballon ;
Ses petits pieds mordant les planches,
Elle va de large et de long ;

Entrechats et vertigineuses
Pirouettes, — deux, trois, quatre tours, —
Glissant ainsi des patineuses,
S'envolant ainsi des amours.

C'est Elle, reine, fée, archange,
Idéalisant l'Opéra :
— Mauri, la Laus, Zucchi, Subra —
Que notre regard boit et mange.

Nous nous grisons de sa beauté,
Voudrions poser notre ivresse
Dans un corps si bien jarreté
Et souple comme une caresse.

TABLE

FIN DE LA TABLE

Paris. — Imprimerie Alphonse Lemerre, 25, rue des Grands-Augustins.

POÈTES CONTEMPORAINS

Volumes in-18 jésus, imprimés en caractères antiques sur beau papier vélin. Chaque volume, 3 francs.